新能源项目工程建设管理指南

国投电力控股股份有限公司　编

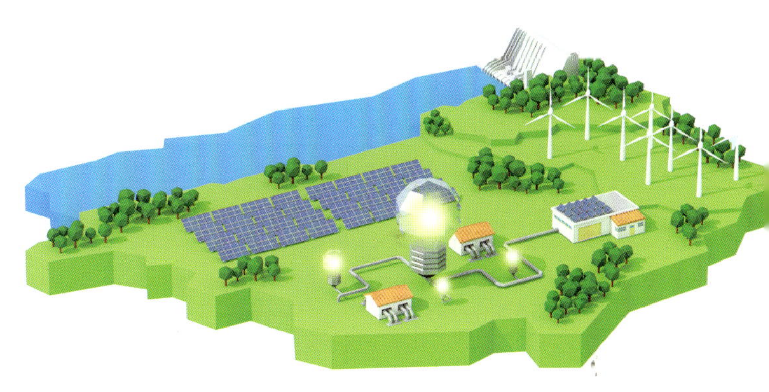

中国电力出版社
CHINA ELECTRIC POWER PRESS

内 容 提 要

“十四五”以来，全国新能源发电业务快速发展，新能源建设项目数量呈现爆发式增长。我国亟须一批懂工程、善管理的新能源工程建设管理人员。为进一步满足新能源项目工程建设管理需要，为新能源项目工程建设管理人员在日常管理中提供工作指引，国投电力控股股份有限公司（简称国投电力）结合本企业实际情况，编制了《新能源项目工程建设管理指南》，供新能源企业使用或参考。

本书按照工程建设管理的先后顺序分为项目建设前期管理、项目工程建设管理和项目验收管理三章，分解出具体管理工作20节。依据国家对新能源工程建设的相关法律法规、行业标准规范要求，同时结合本企业在新能源工程建设工作中的经验和总结，形成了一本可供新能源工程建设管理人员便捷参考的指导手册。

图书在版编目（CIP）数据

新能源项目工程建设管理指南／国投电力控股股份有限公司编．—北京：中国电力出版社，2024.2（2025.7 重印）

ISBN 978-7-5198-8718-6

Ⅰ．①新…　Ⅱ．①国…　Ⅲ．①新能源－工程项目管理－中国－指南
Ⅳ．①F426.2-62

中国国家版本馆 CIP 数据核字（2024）第 036660 号

出版发行：中国电力出版社
地　　址：北京市东城区北京站西街 19 号（邮政编码 100005）
网　　址：http://www.cepp.sgcc.com.cn
责任编辑：畅　舒（010-63412312）
责任校对：黄　蓓　马　宁
装帧设计：赵丽媛
责任印制：吴　迪

印　　刷：北京锦鸿盛世印刷科技有限公司
版　　次：2024 年 2 月第一版
印　　次：2025 年 7 月北京第三次印刷
开　　本：880 毫米 ×1230 毫米　32 开本
印　　张：2.875
字　　数：58 千字
印　　数：1501—2000 册
定　　价：35.00 元

《新能源项目工程建设管理指南》

编委会

主　编　林建维　张令祥

参　编　李显康　王　辉　贺麟强　鞠忠文
陈登先　李　斌　宋　威　罗　帆
冯丛丛　丁　一　冯智宇　李至骜
王　骞　张先儒　赵文智　张基海
邵文杰　葛效强　刘小华　黄富程
赵令金　苏　军　樊佳森

前言
PREFACE

近年来，我国能源绿色低碳转型步伐加快，以风电、光伏为代表的新能源项目发展势头良好。新能源项目快速发展的同时，新能源工程建设也面临着地理位置偏僻、建设周期短、施工范围大、人员流动性强、技能人员短缺等问题。如何更好地统筹新能源项目的高质量发展和高水平建设，推动新能源项目安全、优质、顺利投产发电，是各发电企业亟需解决的难题。

针对上述问题，发电企业必须以工程建设管理为抓手，培养一批懂工程、善管理的人才，从项目的安全、质量、进度、造价、设计等方面进行全面、有效、规范的管理和控制，才能确保项目顺利实施。

本书通过对国投电力新能源项目工程建设过程中积累的经验进行梳理、总结，并按照项目建设的前期管理、项目工

程建设管理和项目竣工管理三个阶段依次展开，对各阶段工作的管理流程、管理内容、管理要点给出具体工作建议，适用于发电企业从事新能源项目工程建设管理的人员。

发电企业在新能源项目工程建设管理中还应重视创新管理和可持续发展。一方面，在项目管理过程中，积极采用先进的管理方法和理念，不断提升项目管理水平；同时充分发挥科技创新的驱动作用，通过使用先进的技术和装备为新能源项目高质量发展赋能。另一方面，发电企业应重视环境保护和社会责任，厚植绿色发展的底色底蕴，通过采取科学、合理、规范的管理手段和措施，推动工程建设与环境保护的和谐发展。

本书在编著过程中，得到了国投甘肃新能源有限公司、国投新疆新能源有限公司、国投云南新能源有限公司、国投广西新能源发展有限公司、国投贵州新能源有限公司的大力支持，在此深表感谢。

希望各发电企业新能源工程建设管理人员在使用本书的过程中不断提出宝贵意见，以便进一步完善。

编者

2023年12月

名词解释

1 **上级主管单位：**对下级分支机构行使管理权的单位。

2 **项目投资方案：**是指为了实现特定目标而投资的计划和策略。项目投资方案不仅能够帮助投资者明确目标，还能提供指导和规划，以确保投资过程的顺利进行。

3 **管理原则：**是组织活动的一般规律的体现，是人们在管理活动中为达到组织的基本目标而在处理人、财、物、信息等管理基本要素及其相互关系时所遵循和依据的准绳。主要包含工程建设模式、工程招标标段划分思路、项目风险分析等内容。

4 **建设管理方案：**主要是围绕建设管理原则，确定实施方案的过程。

5 **施工组织方案：**确定与施工组织有关施工场地布置、厂内外临时交通运输、力能供应方式、施工临建设施建设方案及分工界限、工程管理组织机构和职责、重大施工方案及交叉作业等。

6 **总体设计：**是指以若干单位工程组成的群体工程或特大型项目作为主要对象进而对工程建设总体部署和总体开发方案进行全面规划设计的过程，其具有对整个工程项目的施工过程起到统筹规划、重点控制的作用。

7 **施工场地“五通一平”：**是指单位工程开工前的准备工作，是衡量单位工程是否具备开工条件的依据之一，主要包括通给水、通排水、通电、通路、通信、平整土地。

8 **项目里程碑计划：**是工程阶段性重要控制节点，也是工程项目各阶段进度目标。

9 **质量验收评定划分表：**是根据工程建设实际特点，按建筑物功能和施工部署及质量考核对项目的检验批、分项工程、分部工程、单位工程进行划分，明确各环节质量验收的层级。

10 **强制性条文执行计划：**是依据分项、分部、单位工程划分范围，形成系统的管理体系，与工程质量检查、验收工作协调一致，从强制性条文的培训、执行检查、实施记录及实施总结等方面制定的计划，分别用于施工、设计、监理、建设单位的执行、检查、验收监督管理，明确责任。

11 **质量通病防治计划：**是指对建设工程质量通病从设计、材料、施工、管理等方面进行的综合有效防治方法、措施和要求。

12 **三级自检制：**施工单位对施工质量的三级自检，分为施工班组的自我检查、项目部组织的专职质量检验人员的检查和施工单位组织的工程自检三个阶段。

13 **建设工程安全技术措施费：**是指为保障工程建设过程中人身安全、财产安全和环境安全以及预防事故所需的措施和相关费用。

14 **“三违”检查：**是指对违章指挥、违章作业、违反劳动纪律现象的检查。

15 **“三同时”管理：**新建、扩建、改建工程和技术改造项目中的环境保护设施、职业健康与安全设施，必须与主体工程同步设计、同步施工、同步验收投入生产和使用。

16 **危大工程：**是危险性较大的分部分项工程的简称，是指工程建设在施工过程中存在的、可能导致作业人员群死群伤或造成重大不良社会影响的分部分项工程。

17 **超过一定规模的危大工程：**是指危大工程中规模和危险性较大的分部分项工程，在施工过程中必须采取有效的安全措施，加强施工监测和应急救援，组织召开专家论证会对专项施工方案进行论证，以确保工程安全和质量。这类工程规模大、危险性高，主要包括超过一定深度土方开挖、基坑支护及降水工程；超过一定高度混凝土模板支撑工程；爆破及危化建筑拆除；超重吊装工程等。

18 **整套启动验收**：是指建设工程各单位工程启动验收后，对建设工程进行整体的启动验收鉴定。

19 **试运行**：依据合同约定，在工程完成竣工试验后，由项目建设单位或项目承包人组织进行包括合同目标考核验收在内的全部试验。

20 **达标投产**：采取量化指标比照和综合检验相结合的方式对工程建设程序的合规性、全过程质量控制的有效性，以及机组投产后的整体工程进行质量符合性验收。

21 **单位工程**：是单项工程的组成部分，是指具有独立设计文件，可以独立组织施工，但建成后一般不能独立发挥生产能力和使用效益的工程。

22 **自我后评价**：投资项目完成之后，通过对项目实施过程、结果及其影响进行调查研究和系统性回顾，与项目决策时确定的目标及经济、技术、环境等因素进行对比，找出差别和变化并分析原因，总结经验和教训，提出对策建议，以改善投资管理，提高决策水平，达到提高投资效益的目的。

23 **全面后评价**：自我后评价完成之后，上级单位委托第三方通过对项目进行的后评价。

24 **建设工程**：为依法立项的新建、扩建、改建工程而进行的、有起止日期的、达到规定要求的一组相互关联的受控活动，包括策划、勘察、设计、采购、施工、试运行、竣工验收和考核评价等阶段。简称为项目。

25 **相关方**：能够影响决策或活动、受决策或活动影响，或感觉自身受到决策或活动影响的个人或组织。

26 **项目负责人**：组织法定代表人在建设工程项目上的授权委托代理人。

27 **工程总承包**：根据合同约定对建设项目的设计、采购、施工和试运行实行全过程或若干阶段的承包。

目录
CONTENTS

第三章 项目验收管理

CHAPTER 1

第一章

项目建设前期管理

第一节 项目前期准备工作

一、工作介绍

项目前期准备工作是指在项目正式启动之前，对项目进行规划和准备的过程，是确保项目能够顺利启动和执行的基础。

二、管理内容

1.项目资源信息采集

对拟开发区域收集国土、林草、风光资源等方面信息，开展敏感因素摸底核查，确定初步选址区域后积极对接政府签订投资开发协议。

2. 项目立项

项目投资开发协议签订后，开展项目立项所需相关资料收集，并编制立项报告报上级主管单位审批。立项通过后即可开展项目前期工作。

3. 公司注册

根据项目推进需要，经上级主管单位授权后在项目所在地注册成立公司。

4. 项目可研报告编制

项目立项通过后，建设单位应开展项目地形图测绘、可行性研究报告编制等前期工作。

5.项目投资方案编制

建设单位应依据可行性研究报告编制项目投资方案，报上级主管单位决策。

三、管理要点

（1）项目前期应开展林地外业调查、安全预评价、压覆矿产调查评估、地质灾害评估、职业病危害预评价、社会稳定性评估、环境影响评价、水土保持方案编制等并取得批复。

（2）项目前期应对项目所在地资源禀赋情况开展调查，充分收集风光资源数据，为项目可行性研究报告编制提供有力支撑。

四、法规标准

（1）《中华人民共和国城乡规划法》；

（2）《国务院办公厅关于加强和规范新开工项目管理的通知》；

（3）《企业投资项目核准和备案管理办法》（中华人民共和国国家发展和改革委员会令〔2017〕第2号）；

（4）《企业投资项目核准暂行办法》（国家发展改革委员会第

19号）；

（5）《中华人民共和国土地管理法》；

（6）《中华人民共和国土地管理法实施条例》；

（7）《国土资源部关于改进和优化建设项目用地预审和用地审查的通知》；

（8）NB/T 32044《光伏发电工程预可行性研究报告编制规程》；

（9）DL/T 5067《风力发电场项目可行性研究报告编制规程》。

第二节 项目策划管理

一、工作介绍

项目策划是在调查研究和收集资料的基础上，对项目的决策和实施进行分析和论证，把握项目管理的目标、范围、方法及完成项目建设所需的准备工作。

二、管理内容

项目策划主要包含建设管理原则、建设管理方案、施工组织方案等方面内容。

1.建设管理原则

建设管理原则应在上级主管单位同意开展前期工作后确定，主要包含工程建设模式、工程招标标段划分思路、项目风险分析等内容。

2.建设管理方案

建设管理方案是围绕建设管理原则，确定实施方案。主要包含项目组织机构，以及安全、质量、进度、造价等方面的规划。

3. 施工组织方案

施工组织方案是用以指导施工组织与管理、施工准备与实施、施工控制与协调、资源的配置与使用等全面性的技术、经济文件，是对施工活动的全过程进行科学管理的重要手段。

三、管理要点

（1）策划应具有前瞻性、先进性、开放性，应随着工程建设不断推进，对项目策划不断充实和完善。

（2）应将项目策划确定的要求落实在招标文件或合同文件中，以确保工程策划得到有效实施。

（3）建设管理原则是项目策划的总纲领，制定原则时要深入研究政府政策文件，结合当地气候条件、地理及人文环境，综合考虑建设模式和风险因素。

四、法规标准

（1）GB/T 50795《光伏发电工程施工组织设计规范》;

（2）DL/T 5384《风力发电工程施工组织设计规范》;

（3）NB/T 10684《风电场工程质量管理规程》;

（4）NB/T 31106《陆上风电场工程安全文明施工规范》;

（5）JGJ 59《建筑施工安全检查标准》;

（6）GB/T 35694《光伏发电站安全规程》;

（7）DL 5454《火力发电厂职业卫生设计规程》;

（8）GB 5083《生产设备安全卫生设计总则》;

（9）GB 50794《光伏发电站施工规范》;

（10）GB/T 50326《建设工程项目管理规范》。

第三节 招标与合同管理

一、工作介绍

招标与合同管理是指对其管理周期内进行的计划、组织、协调和控制的一系列活动。

二、管理内容

1.招标管理

建设单位根据项目需求合理划分标段、制定招标计划、编制招标文件，开展招标工作。

2.合同管理

项目部应明确合同管理人员，在合同执行过程中建立健全合同台账，妥善收集、归档合同履行所涉及的各项文件。督促合同相关方执行合同中的各项管理要求，并及时办理进度结算、合同变更费用的洽谈等工作。定期梳理合同执行情况，对出现的偏差进行分析，制定纠偏措施，并对供应商的履约情况进行评价。

三、管理要点

（1）工程勘察、设计招标工作原则上在项目投资决策后进行。施工标段、主要设备采购原则上在设计方案通过评审后，根据工程实际情况适时开展。监理及其他咨询服务类招标采购工作可根据项目组织管理的需要进行。

（2）项目部应将与供应商的来往函件、协商及谈判等内容进行登记、记录，留存原件资料，并附在合同档案中。

（3）合同台账应包括项目总台账、分台账，内容应包含合同名称、招标类别、合同编号、签订时间、开工时间、完工时间、供应商名称、企业性质、企业资质、合同金额、税率、历次结算时间金额、累计付款金额、剩余付款金额等。

四、法规标准

（1）《中华人民共和国招标投标法》；

（2）《中华人民共和国招标投标法实施条例》；

（3）《中华人民共和国民法典（合同编）》。

第四节 设计管理

一、工作介绍

设计管理是一种系统化的方法，用于规划和控制工程项目的设计过程，以确保项目能够完成预定的安全、质量、进度和造价目标。

二、管理内容

设计管理主要包括总体设计、施工图设计、图纸审查、图纸会审、设计交底、设计优化、设计变更、竣工图管理。

1.总体设计管理

项目通过投资决策后，建设单位应委托有相应资质的单位开展总体设计工作。总体设计应明确设计范围、设计内容、设备选型及投资概算等方面内容。

2.施工图设计、图纸审查管理

施工图的设计要符合国家、行业有关的法律、法规、规程以及上级主管单位的有关规定要求。

施工图设计前根据项目实际情况编制出图计划。设计单位应根据项目总体设计报告内容和设备、建安工程合同的约定开展施工图设计。监理单位结合供图情况组织图纸自查，建立图纸收发管理流程。

3. 图纸会审、设计交底管理

单位工程开工前由建设单位组织各参建单位对设计内容，所采用的新技术、新工艺、新材料、新设备的要求以及施工中应特别注意的事项进行图纸会审及技术交底，并形成图纸会审与设计交底纪要。纪要应作为施工图设计文件的组成部分并予以存档。涉及设备制造商的施工图会审与设计交底，宜邀请设备制造厂家代表到会。

4. 设计优化管理

设计优化工作贯穿工程建设的全过程。在保证工程安全、质量、进度的前提下，通过实地调研、多方收资、反复研究论证和评审等手段，充分汲取好的工程经验，积极选择有利于工程整体经济效益的方案进行优化。

5.设计变更管理

设计变更主要有两种表现形式，一种是原设计不能保证工程质量、安全要求，设计遗漏和错误以及与现场不符，由设计方出具的设计变更文件；另一种是原设计满足技术规范和现场施工要求，建设单位为优化项目功能、节省项目投资或提高项目效益而提出的变更设计，经设计方同意后出具的变更文件。

6.竣工图管理

项目完工后应将会审记录、设计变更、隐蔽工程验收记录、设计优化等内容反映到竣工图。

三、管理要点

（1）项目总体设计是编制施工图及工程实施的重要依据，建设单位不得擅自更改总体设计方案，若变更重大设计方案需报送上级单位审批。

（2）施工图由设计方完成设计、校核、审查、审定签名并盖出图章，不得使用未经审查的图纸进行施工。

（3）设计变更分为重大设计变更、较大设计变更、一般设计变更和小型设计变更，设计变更按变更的性质及所发生的费用实行分级审批管理。

四、法规标准

（1）GB/T 50796《光伏发电工程验收规范》；

（2）GB 50794《光伏发电站施工规范》；

（3）GB 50059《35kV～110kV 变电站设计规范》；

（4）DL/T 5218《220kV～750kV 变电站设计技术规程》；

（5）Q/CSG 1107001《35kV～500kV 变电站装备技术导则》；

（6）DL/T 5103《35kV～220kV 无人值班变电站设计规程》；

（7）DL 5027《电力设备典型消防规程》；

（8）DL/T 5056《变电站总布置设计技术规程》；

（9）GB 55001《工程结构通用规范》；

（10）GB 55008《混凝土结构通用规范》；

（11）GB 55003《建筑与市政地基基础通用规范》；

（12）GB 50010《混凝土结构设计规范》；

（13）GB 50007《建筑地基基础设计规范》；

（14）GB 50017《钢结构设计标准》；

（15）GB 50016《建筑设计防火规范》；

（16）GB 50222《建筑内部装修设计防火规范》；

（17）JGJ 94《建筑桩基技术规范》；

（18）GB 51101《太阳能发电站基础技术规范》；

（19）NB/T 10115《光伏支架结构设计规程》；

（20）GB 50797《光伏发电站设计规范》；

（21）NB/T 10128《光伏发电工程电气设计规范》；

（22）GB 51096《风力发电场设计规范》；

（23）NB/T 31026《风电场工程电气设计规范》；

（24）NB/T 10311《陆上风电场工程风电机组基础设计规范》；

（25）GB/T 17468《电力变压器选用导则》；

（26）DL/T 5457《变电站建筑结构设计技术规程》。

第五节 开工前准备工作

一、工作介绍

开工前准备是指项目工程建设前所开展的必要的设计、招标及施工准备工作，是为工程施工创造条件的阶段。

二、管理内容

开工前准备工作主要是建设单位对项目开工条件逐条的落实，具备开工条件后，按相关规定办理开工手续的过程。

1.开工的外部准备

（1）建设项目取得政府的核准或备案文件，取得建设项目用地预审与选址意见书、建设用地规划许可证、建设工程规划许可证和施工许可证；

（2）建设项目取得接入系统设计审查意见，电力消纳及送出工程通过专题研究；

（3）建设项目完成征地、拆迁和施工场地“五通一平”。

2. 开工的内部准备

（1）组建工程管理机构，建立各项规章制度；

（2）项目投资方案、策划文件、总体设计报告通过上级主管单位的审核；

（3）项目资本金和其他工程建设资金已落实，手续齐备；

（4）项目里程碑计划编制完成，并向上级主管单位备案；

（5）完成设计、施工、设备及监理等合同签订；

（6）建立健全质量管理体系，并与质量监督机构取得联系，办理相关质量监督手续；

（7）建立健全安全管理体系，组建安全管理委员会；

（8）建立信息网络系统。

三、管理要点

（1）开工前应进一步摸排项目建设的制约因素，制定应对措施。

（2）在施工准备阶段，应尽早启动土地征转、租赁工作，落实土地的可用性。

（3）开工前应明确建设项目的安全、质量、进度、造价等控制目标。

四、法规标准

（1）《中华人民共和国城乡规划法》;

（2）《中华人民共和国建筑法》;

（3）《中华人民共和国土地管理法》;

（4）《中华人民共和国环境影响评价法》;

（5）《中华人民共和国环境保护法》;

（6）《建设工程安全生产管理条例》;

（7）《建设工程施工许可管理办法》。

CHAPTER 2

第二章

项目工程建设管理

第一节 安全管理

一、工作介绍

安全管理是指对工程项目建设过程中的安全问题进行全方位管理，覆盖工程项目建设的各个环节。

二、管理内容

1.安全体系

建设单位应成立安全管理委员会，建立健全安全生产保证体系和监督体系，定期组织召开工程建设安委会会议、安全生产分析会，对工程建设管理情况进行分析总结，研究解决工程建设中存在的安全问题。

2.安全准入管理

建设项目结合项目实施情况对入场人员的执业资格、健康状况、安全教育培训情况等进行审查；对机械设备检验记录及技术档案、装拆方案、工器具及安全防护设施配置等进行复核确认；对参建单位的管理制度、技术方案（含安全技术措施）、安全生产费用使用计划、安全生产保障措施、安全技术交底、安全协议等有关安全文件审批，符合条件后方可入场开展工作。

3.安全监督检查管理

各参建单位应定期开展工程建设安全检查，以查制度、查管理、查隐患、查现场作业为主要内容。各类安全检查中发现的问题，应下发整改通知单，限期整改，做好闭环管理工作。

4.应急管理

各参建单位应编制应急预案和现场处置方案，结合项目实际情况制定应急演练计划及方案，并严格按计划执行应急演练，形成演练总结报告。同时须按应急预案清单要求配备足量的应急物资，应急物资不得随意使用。

三、管理要点

（1）建设单位应在承包商入场前严格核查施工单位资质、业绩和人员资格等信息，要求与合同条款保持一致。

（2）建设工程安全技术措施费用应按照合同约定进行足额提取和保障投入，专款专用，不得挪作他用，并建立相应管理台账。

（3）督促各参建单位加强危险区域动火作业、有限空间作业、高处作业、吊装作业及其他危险作业的安全管理。

（4）督促各参建单位按要求对工程建设现场开展“三违”检查并建立台账。对违章事件进行原因分析、人员警示教育及考核处理。

四、法规标准

（1）《中华人民共和国安全生产法》;

（2）《电力安全事故应急处置和调查处理条例》;

（3）《电力安全生产监督管理办法》;

（4）《电力安全隐患监督管理暂行规定》;

（5）《生产安全事故应急预案管理办法》;

（6）《中央企业应急管理暂行办法》;

（7）《电力企业应急预案管理办法》;

（8）《电力企业应急能力建设评估管理办法》;

（9）《生产安全事故信息报告和处置办法》；

（10）《电力安全事件监督管理规定》；

（11）《特种作业人员安全技术培训考核管理规定》；

（12）《生产经营单位安全培训规定》；

（13）NB/T 37898《风力发电机组 吊装安全技术规程》；

（14）DL/T 796《风力发电场安全规程》；

（15）GB/T 35694《光伏发电站安全规程》；

（16）GB/T 29639《生产经营单位生产安全事故应急预案编制导则》；

（17）GB/T 33942《特种设备事故应急预案编制导则》；

（18）GB/T 13869《用电安全导则》；

（19）《危险性较大的分部分项工程安全管理规定》（住房和城乡建设部令第 37 号）。

第二节 质量管理

一、工作介绍

质量管理是指为保证和提高工程质量，运用一整套质量管理体系、手段和方法所进行的系统管理活动，涵盖了建设工程的勘察、设计、监理、施工、调试、验收等全过程管理。

二、管理内容

1.质量策划

工程质量策划是项目策划文件的重要组成部分，应在工程策划文件中明确工程质量目标、质量方针和质量管理体系。

2.质量控制

在施工过程中，项目管理机构应跟踪、收集、整理实际数据，与质量要求进行比较，分析偏差，采取措施予以纠正和处置，并对处置效果复查。

3.质量检查及验收

建设项目应在开工前制定质量验收评定划分表、强制性条文执行计划和质量通病防治计划，明确各质量检查要求及验收控制点。各参建单位应严格按照质量检查验收控制点进行检验批、分项、分部、单位工程的检验与检测，并按照质量监督检查大纲及时完成质量监督检查工作。

三、管理要点

（1）建设单位在开工前应办理完成质量监督手续，并根据质量监督计划和实际工程进度，向质量监督机构申请开展质量监督工作。针对质量监督机构出具的整改意见书，开展整改闭环工作。

（2）充分发挥监理单位作用，确保按监理合同足额配备监理人员，建设单位应定期检查监理工作开展情况及质量。

（3）建设单位应按照相关规范委托有相应资质的第三方检测机构对工程材料、实体质量等进行检测工作。

（4）施工单位应落实三级自检制，未按质量验评划分的控制工序进行申报并通过验收，不得转入下一道工序。

四、法规标准

（1）《建设工程质量管理条例》；

（2）《建设工程质量检测管理办法》；

（3）《建设工程安全生产管理条例》；

（4）《电力建设工程施工安全监督管理办法》；

（5）《电力建设工程施工安全管理导则》；

（6）《实施工程建设强制性标准监督规定》；

（7）《房屋建筑工程和市政基础设施工程实行见证取样和送检的规定》；

（8）《国家能源局关于修订印发火力发电、输变电、陆上风力发电、光伏发电建设工程质量监督检查大纲的通知》。

第三节 进度管理

一、工作介绍

进度管理是指在建设项目实施过程中，根据项目计划，通过合理的组织和管理，对工程建设各阶段进度进行有效控制。

二、管理内容

工期进度计划级别分为里程碑计划、一级进度计划、二级进度计划和三级进度计划。

1. 里程碑计划

里程碑计划是工程重要控制节点，也是工程项目各阶段进度总体目标。建设单位应在开工前组织编制工程项目里程碑进度计划，并报上级主管单位审核备案。

2. 一级进度计划

一级进度计划是工程总体综合计划，根据里程碑计划细化分解，主要由场区道路、构建筑物及设备安装、调试等网络要素设定。

3. 二级进度计划

各参建单位应根据一级进度计划编制二级进度计划。建设单位、监理单位对二级进度计划审批后，下发执行。二级进度计划由建设单位控制管理，每月应跟踪、检查各参建单位计划的执行情况。

4. 三级进度计划

参建单位根据二级进度计划细化分解形成三级进度计划。三级进度计划由各参建单位内部控制管理。

三、管理要点

（1）工程总工期的制定和实施应科学合理、计划协调统一，各级进度计划应充分考虑送出工程、当地气候、运输条件等影响工期的综合因素。

（2）工程进度计划中，下一级进度计划的编制和审批必须依据和服从上一级进度计划，当各级进度计划出现偏差时，应及时按程序调整关联进度计划。里程碑计划原则上不予变动。

（3）工程开工以升压站（或开关站）主体土建工程开工（扩建项目的以主体基础工程开工）为节点。

四、法规标准

（1）GB/T 50326《建设工程项目管理规范》；

（2）GB/T 50358《建设项目工程总承包管理规范》。

第四节 造价管理

一、工作介绍

造价管理是指在工程项目建设过程中，针对项目成本进行预测、计划、控制、核算、分析和考核的管理工作。

二、管理内容

1.造价策划

工程造价是项目策划重要组成部分，应在工程策划文件中明确工程造价控制目标、造价控制的思路和原则、造价管理规划和实施方案。

2.造价控制

施工准备阶段合理进行标段划分，通过公开招标的方式，优选参建单位，从源头上把控造价水平。建设过程中以设计报告收口概算为造价控制目标，合理安排资金使用计划，降低财务成本。同时加强对与设计单位的沟通，规范设计变更及签证管理，减少因设计变化引起的建设成本增加。

3.分析总结

工程完工后，对比工程造价目标，对工程建设的全过程造价管理进行分析总结，为后续项目建设提供经验。

三、管理要点

（1）无特殊原因，在同等工程范围和价格水平下，控制概算不得超过可研估算，工程决算不得超过控制概算。

（2）工程建设过程中出现设计变更、索赔和签证等需合同外结算的事项，应严格按照公司制度审批后执行。

四、法规标准

（1）《建筑工程施工发包与承包计价管理办法》（住建部令第16号）；

（2）GB 50500《建设工程工程量清单计价规范》；

（3）NB/T 32027《光伏发电工程设计概算编制规定及费用标准》；

（4）NB/T 31011《陆上风电场工程设计概算编制规定及费用标准》；

（5）NB/T 31010《陆上风电场工程概算定额》；

（6）DL/T 5745《电力建设工程工程量清单计价规范》。

第五节 信息管理

一、工作介绍

信息管理是指对工程信息的收集、整理、处理、储存以及传递等过程。

二、管理内容

建立有效的信息管理组织、程序和方法，及时把握有关项目的相关信息，确保信息资料收集的真实性，信息传递途径畅顺、查阅简便、资料齐备等，便于项目管理人员在整个项目进行过程中能够及时得到各种管理信息，对项目执行情况实际全面、细致准确地掌握与控制。

三、管理要点

（1）开工前各参建单位应建立有效的信息传递沟通渠道，根据工程的进展及时完善信息传递流程。

（2）工程信息报送应遵循及时、准确、真实、完整的原则，不得迟报、虚报、漏报、瞒报、拒报。

四、法规标准

（1）《重大建设项目档案验收办法》；

（2）《关键信息基础设施安全保护条例》；

（3）《中华人民共和国档案法》；

（4）《中华人民共和国档案法实施条例》；

（5）《电子文件归档与电子档案管理规范》；

（6）《照片档案管理规范》。

第六节 组织协调管理

一、工作介绍

组织协调是联结、联合、调和所有的活动及力量进行建设项目的管理，主要分为外部协调和内部协调。

二、协调内容

（一）外部协调

1. 与政府部门的协调

在项目开工前协调政府部门完成项目用地、用林、征地、迁坟等相关手续办理。

2. 与周边社会关系的协调

在施工过程中，各参建单位要严格做好施工现场管理工作，减少对周边单位和居民的影响。同时加强与社会关系的沟通协调，争取社会各界对工程建设的关心和支持。

3. 与监督检查部门的沟通协调

建设单位在项目建设过程中应及时做好与国土、林草、环水保、消防、电网公司、质量监督、安全监督等部门沟通协调，按规定办理相关手续。

（二）内部协调

1. 企业内部协调

建设过程中应与上级主管单位沟通协调，及时完成各项内部手续的办理，同时建设单位应加强与内部各部门的沟通，做好合同执行及工程验收相关工作。

2. 参建单位协调

项目建设过程中加强各参建方协调，做好安全、质量、进度、造价等管理，确保项目有序推进。

三、管理要点

（1）及时与地方政府沟通征租地相关政策，深入了解地方政策的出发点和实际含义，积极开展相关土地征转、租赁的工作。

（2）尊重地方习俗，加强与地方沟通，协调过程中避免群体性事件的发生。

（3）针对项目建设过程中交叉作业阶段，应及时协调相关参建单位落实风险预控措施，降低安全风险。

四、法规标准

（1）GB/T 50326《建设工程项目管理规范》；

（2）《风电开发建设管理暂行办法》。

第七节 物资管理

一、工作介绍

物资管理是指对工程建设过程中所需物资的计划、采购、运输、入库验收、保管、发放、消耗使用、回收、调配等工作。

二、管理内容

1. 物资采购

工程物资采购时应从技术先进、安全稳定等方面考虑，建设单位应根据采购的物资技术标准及工艺的难度不同，在物资制造过程中参与监造，保证采购物资的质量。

2. 物资运输

供货方应根据工程物资特点选择适宜的运输路线及运输方式，物资发运前应将物资的具体参数及注意事项通知收货方。特殊危险品应做专项说明，涉及大件运输的供货方应当委托具有大型物件运输经营资质单位承运。

3. 物资验收

物资验收应严格执行合同和技术协议规定的供货范围、技术及检验标准，物资验收应由供货方、采购方、监理方、施工单位（代保管单位）共同验收。

4.物资保管和移交

物资由施工单位（代保管单位）负责保管，项目完工后，施工单位盘点剩余工程物资、已领用物资的出入库记录及档案资料，移交建设单位。

三、管理要点

（1）合同签订时应与合同相关方签订物资代保管协议，明确各方权责。

（2）未经建设单位或监理同意，施工单位不得擅自进行开箱。

四、法规标准

（1）《中华人民共和国招标投标法》；

（2）《中华人民共和国财政违法行为处罚暂行条例》；

（3）《中华人民共和国物资管理办法》。

第八节 “三同时”管理

一、工作介绍

“三同时”管理是根据相关法律、法规、条例规定，建设项目的环境保护设施、水土保持设施、安全设施、消防设施必须与主体工程同时设计、同时施工、同时投入生产和使用。

二、管理内容

1.环、水保“三同时”管理

建设项目应严格落实环、水保文件的批复要求，在设计阶段应编制保护篇章，在施工过程中落实防治环境污染和生态破坏、水土保持措施，保障环境保护、水土保持设施费用投入。建设单位自主验收程序应合法合规。

2.安全“三同时”管理

建设单位应分别委托具有相应资质的单位，对建设项目进行安全预评价、安全设施设计和安全设施验收评价。建设过程中应当严格按照安全设施设计和相关施工技术标准、规范施工。

3.消防“三同时”管理

在设计阶段按规范进行消防设计及专篇编制并完成审查备案，施工过程中应当严格按照经消防设计审查合格或满足消防设计需要的设计文件组织施工。消防工程完工后，应委托有资质的单位编制消防工程竣工验收报告向消防审查验收主管部门申请验收。

三、管理要点

（1）建设单位应将环境保护、水土保持措施及设施建设在招标阶段时予以明确，在建设过程中保证环、水保设施建设进度和资金投入。

（2）建设项目地点、规模发生重大变化或水保措施发生重大变更的，应补充或修改水保方案，报原审批部门审批。

（3）按照国家工程建设消防有关要求，消防设施未经验收或消防验收不合格的，禁止投入使用，验收完成后收集、完善资料备查。

四、法规标准

（1）《中华人民共和国消防法》；

（2）《中华人民共和国环境保护法》；

（3）《中华人民共和国环境影响评价法》；

（4）《建设项目环境保护管理条例》；

（5）《建设项目竣工环境保护验收管理暂行办法》；

（6）《建设项目安全设施“三同时”监督管理办法》；

（7）《安全评价通则》；

（8）《安全预评价导则》；

（9）《中华人民共和国水土保持法》；

（10）《中华人民共和国职业病防治法》；

（11）《职业病危害因素分类目录》；

（12）《建设项目职业卫生“三同时”监督管理办法》；

（13）《建设项目职业病危害预评价报告编制要求》；

（14）《生产建设项目水土保持设施自主验收规程》；

（15）《水利部关于加强事中事后监管规范生产建设项目水土保持设施自主验收的通知》；

（16）《建设项目竣工环境保护验收暂行办法》；

（17）《建设项目环境影响后评价管理办法》；

（18）《突发环境事件应急管理办法》；

（19）AQ/T 8010《建设项目职业病危害控制效果评价导则》；

（20）《建设项目职业病危害控制评价报告编制要求》；

（21）《中华人民共和国职业病防治法》。

第九节 专项施工方案管理

一、工作介绍

专项施工方案管理是依据国家标准、行业标准和要求，针对危险性较大的分部分项工程制定详细的方案，并对其进行过程管理。

二、管理内容

1. 危大工程分类

危大工程主要包括基坑支护、降水工程、土方开挖工程、模板工程及支撑体系、起重吊装及安装拆除工程、脚手架工程、拆除、爆破工程及其他工程。

2. 专项方案审批程序

施工单位应当在危大工程施工前组织工程技术人员编制专项施工方案。专项施工方案应当由施工单位技术负责人审核签字、加盖单位公章，由总监理工程师审查签字、加盖执业印章，并报建设单位批准后方可实施。

对于超过一定规模的危大工程，施工单位应当组织召开专家论证会对专项施工方案进行论证。实行施工总承包的，由施工总承包单位组织召开专家论证会。专家论证前专项施工方案应当通过施工单位审核和总监理工程师审查。

专项施工方案经论证需修改后通过的，施工单位应当根据论证报告修改完善后，重新履行报送程序。

3. 专项方案实施

专项施工方案实施前，编制人员或者项目技术负责人应当向施工现场管理人员进行方案交底。施工现场管理人员应当向作业人员进行安全技术交底，并由双方和项目专职安全生产管理人员共同签字确认。

施工单位应在施工现场显著位置公告危大工程名称、施工时间和责任人员，在危险区域设置警示标识。应对危大工程施工作业人员进行登记，项目负责人应当在施工现场履职。在危大施工的过程中加大对施工区域的监测和安全巡视。

三、管理要点

（1）实行施工总承包的，专项施工方案应当由施工总承包单位组织编制。危大工程实行分包的，专项施工方案可以由相关专业分包单位组织编制。

（2）危大工程实行分包并由分包单位编制专项施工方案的，专项施工方案应当由总承包单位技术负责人及分包单位技术负责人共同审核签字并加盖单位公章。

四、法规标准

（1）《中华人民共和国安全生产法》；

（2）《建设工程安全生产管理条例》；

（3）《危险性较大的分部分项工程安全管理规定》；

（4）《关于实施危险性较大的分部分项工程安全管理规定有关问题的通知》（住建部令第37号）；

（5）NB/T 37898《风力发电机组 吊装安全技术规程》；

（6）JGJ 80《建筑施工高处作业安全技术规范》；

（7）DL 5009《电力建设安全工作规程》；

（8）T/COSHA 004《危险源辨识、风险评价和控制措施策划指南》。

第十节 启动验收管理

一、工作介绍

启动验收管理是指在单位工程或具备独立功能的分部工程验收完毕后，启动验收委员会在项目启动运行前组织的检查验收管理。

二、管理内容

1.组织机构

具备启动条件后，应成立启动验收委员会。下设启动试运行组、专业检查组、综合组和生产准备组等职能小组。

2.启动验收程序

启动验收分为送出线路启动、升压站启动、单台（批）发电机组及整套启动验收四个阶段。

送出线路、升压站和单台（批）发电机组启动应编制启动试运总结并报告启动验收委员会。全部发电机组通过试运行后，启动验收委员会组织召开整套启动验收会议，验收通过后签署工程整套启动验收鉴定书。

三、管理要点

（1）工程启动验收前需成立启动验收委员会并开始工作，直到办理完整套启动验收手续为止。

（2）启动验收前各单位工程应经完工验收、并网前质量监督检查已通过，历次验收发现的问题应整改完毕，启动试运定值、保护压板状态应复核正确。

（3）启动方案应向参与启动运行的各参建单位相关人员进行交底并留存记录。

四、法规标准

（1）GB/T 51121《风力发电工程施工与验收规范》；

（2）《电力建设工程质量监督管理暂行规定》；

（3）GB/T 31997《风力发电场项目建设工程验收规程》；

（4）GB/T 50796《光伏发电工程验收规范》；

（5）DL/T 782《110kV及以上送变电工程启动及竣工验收规程》。

第十一节 试运行管理

一、工作介绍

试运行管理是验证设备性能、检测系统运行稳定性、调整优化运行参数等重要环节的管控。

二、管理内容

1. 组织机构

具备试运行条件后，由建设单位组建试运行验收组，验收组由建设、监理、调试、生产运行、设计等有关单位组成。

2. 试运行条件

通过启动委员会验收，启动委员会认可已具备启动试运行条件。消防设施功能完善，试运所需工器具齐全；启动试行范围内的技术资料齐全、运行规程规范完备；现场环境满足安全工作需要。

3. 试运行流程

具备试运行条件后，由建设单位提出试运行申请，经试运行验收组同意后，开展试运行工作。在试运行阶段进行系统的测试、调试，以确保项目设施、设备、控制系统和工艺流程能够稳定运行。运营单位人员现场核查设备性能指标，统计设备存在的

缺陷并下发整理通知单要求施工单位整改闭环。通过试运行后由建设单位联合施工单位、监理单位、安装调试单位、设备供应商等参建单位，签署试运行合格证书。

三、管理要点

（1）属于生产设备和生产区域，邻近或交叉电力线路的工作，应设专人进行监护。

（2）机组试运行期间，如出现因非机组本身原因导致的停机，恢复后试运行可继续计时。如机组故障引起的停机，恢复后则试运行应重新计时。

四、法规标准

（1）DL/T 5191《风力发电项目建设工程验收规程》;

（2）GB/T 51121《风力发电工程施工与验收标准》;

（3）GB/T 50796《光伏发电工程验收规范》;

（4）NB/T 32036《光伏发电工程达标投产验收规程》;

（5）NB/T 31022《风电工程达标投产验收规程》。

CHAPTER 3

第三章

项目验收管理

第一节 达标投产与创优管理

一、工作介绍

达标投产与创优是一个系统工程，是对标管理重要环节，需全过程、全范围开展，全体参建单位应参与达标投产与创优的策划、实施和过程管理。

二、管理内容

（一）达标投产验收

达标投产验收分为初验和复验两个阶段。

1.达标投产初验

初验应在项目整套启动试运前进行，由建设单位负责组织，监理、设计、施工、调试、生产运营等单位参加。

2.达标投产复验

复验应在工程移交生产后，建设单位提出复验申请，由上级主管单位或委托第三方完成复验工作。

（二）创优工作

拟申报优质工程的项目，应在工程建设全过程开展质量控制活动，力争一次成优。工程过程质量管控按项目前期、工程准备、工程施工、项目竣工四个阶段过程管理的内容提交相关信息。

三、管理要点

（1）达标投产工程应贯彻事前、事中、事后全过程控制的原则，做到有计划、有落实、有检查、有记录。

（2）达标投产工作应与工程创优工作有机结合，质量目标定为创行（国）优的工程，应在开工后一个月内，由申报单位在申报评审推荐系统按要求进行信息备案。

四、法规标准

（1）NB/T 32036《光伏发电工程达标投产验收规程》;

（2）NB/T 31022《风力发电工程达标投产验收规程》;

（3）《电力建设工程施工安全监督管理办法》;

（4）《电力建设工程施工安全管理导则》。

第二节 移交生产验收管理

一、工作介绍

移交生产验收管理是指项目已完成单位工程验收、启动验收及试运行后，工程移交生产运营单位的验收工作。

二、管理内容

1. 组织机构

具备移交生产条件后，由建设单位组建工程移交生产验收组，验收组应由建设、施工、监理、调试、生产运营、设计等有关单位组成。

2. 移交生产条件

发电设备性能指标达到设计和合同要求，升压站设备运行状态应符合电网技术要求。对工程启动验收中发现的缺陷已全部处理闭环。运维人员已具备上岗资格，安全措施落实到位。备品配件及专用工器具齐全，各类管理制度及技术说明等资料完整，并已完成档案归档。

3. 移交生产工作流程

工程具备移交生产条件后，由项目部提出移交验收申请，经移交生产验收组同意后，组织召开移交生产验收会议。

通过现场核实和检查，找出存在的问题和不足，提出合理建议和要求。现场验收完成后，组织编制工程移交生产验收交接书，讨论通过后履行签字手续。

三、管理要点

（1）移交生产验收时应核对设备发电性能是否满足要求，主要发电设备是否能按设计标准连续出力，电能质量是否满足电网安全稳定运行要求。

（2）各类管理制度及技术说明、施工图册、设备试验记录及报告、设备使用说明书、并网文件等工程管理资料齐全。

四、法规标准

（1）DL/T 5191《风力发电项目建设工程验收规程》;

（2）GB/T 51121《风力发电工程施工与验收标准》;

（3）GB/T 50796《光伏发电工程验收规范》。

第三节 专项验收与竣工验收管理

一、工作介绍

专项验收是指对某一特定项目或任务的完成情况进行专业化的检查和评估，确保符合预期的标准和要求。

竣工验收是指在工程完工且各专项验收及启动验收通过后，建设单位会同政府主管部门、工程质量监督部门、电网等相关单位，对工程项目进行的全面鉴定工作。

二、管理内容

1. 专项验收

专项验收主要包括消防验收、环境保护验收、安全验收、职业病防护设施验收、电能质量检测验收、工程档案验收、工程竣工财务决算等。

通过自主验收的专项应及时向政府主管单位备案。需政府验收的专项应在工程完工后，及时向政府主管单位提出验收申请。

2. 竣工验收

工程竣工验收前，由政府相关主管部门、电力行业相关主管部门、建设单位、生产单位、银行、审计、环境保护、消防、质量监督等行政主管部门及投资方等单位代表和有关专家组成工程竣工验收委员会，组织对工程竣工全面鉴定。

当完成工程决算审查后，建设单位应及时向上级主管部门申请工程竣工验收，并编制工程总结报告上报。通过竣工验收后，建设单位对竣工验收相关资料进行组卷，及时向上级单位进行备案。

三、管理要点

（1）验收资料制备由项目法人或者生产建设单位负责组织，有关单位制备的资料应加盖制备单位公章，并对其真实性负责。

（2）项目基本符合竣工验收条件，只有零星土建工程和少数非主要设备未按设计规定的内容全部完成，但不影响正常生产，可以申请竣工验收。但在验收时，对剩余工程应制定完成计划并预留投资，限期完成。

四、法规标准

（1）《中华人民共和国建筑法》；

（2）《中华人民共和国消防法》；

（3）《中华人民共和国环境影响评价法》；

（4）《中华人民共和国安全生产法》；

（5）《建筑工程施工质量验收统一标准》；

（6）XF/T 836《建设工程消防验收评定规则》；

（7）HJ/T 1113《输变电建设项目环境保护技术要求》；

（8）HJ/T 169《建设项目环境风险评价技术导则》；

（9）AQ/T 8003《安全验收评价导则》；

（10）GB/T 22490《开发建设项目水土保持设施验收技术规程》；

（11）GBZ/T 197《建设项目职业病危害控制效果评价技术指南》；

（12）GBZ 158《工作场所职业病危害警示标识》；

（13）AQ/T 8010《建设项目职业病危害控制效果评价导则》；

（14）GB/T 51121《风力发电工程施工与验收规范》；

（15）GB/T 20319《风力发电机组验收规范》；

（16）GB/T 31997《风力发电场项目建设工程验收规程》；

（17）GB/T 50796《光伏发电工程验收规范》；

（18）GB/T 41308《太阳能热发电站储热系统性能评价导则》；

（19）GB/T 36549《电化学储能电站运行指标及评价》；

（20）GB/T 18894《电子文件归档与电子档案管理规范》；

（21）GB/T 11821《照片档案管理规范》；

（22）NB/T 31022《风力发电工程达标投产验收规程》；

（23）NB/T 31106《陆上风电场工程安全文明施工规范》；

（24）NB/T 31022《风力发电工程达标投产验收规程》；

（25）NB/T 31052《风电场安全标识设置设计规范》；

（26）DL/T 5191《风力发电场项目建设工程验收规程》。

第四节 后评价管理

一、工作介绍

后评价管理是指投资项目完成后，通过对项目实施过程、结果及其影响进行调查研究和系统性回顾，与项目决策时确定的目标及经济、技术、环境等因素进行对比，找出差别和变化并分析原因，提出对策建议，为后续项目提供经验。

二、管理内容

建设项目后评价管理可分为自我后评价和全面后评价，主要包括项目实施过程、项目实施效果和项目总结。其中，自我后评价主体为建设单位，后评价主体为上级主管单位，评价内容如下：

（1）项目实施过程评价。项目实施过程评价包括决策阶段、准备阶段、项目实施、项目运营阶段评价。

（2）项目实施效果评价。项目实施效果评价分为项目经济目标评价、项目技术目标评价、项目环境和社会影响评价、项目管理评价、项目持续能力评价。

（3）项目总结。项目总结包括项目成功的经验、失误的教训、得出的启示、对策建议等方面，通过深入分析成功与失误的原因，为今后类似项目的投资决策或改进方案提供参考和借鉴。

三、管理要点

项目后评价指标是反映后评价工作内容和结果的重要量化工具和尺度，项目后评价应在定量、定性方面作侧重考虑。

四、法规标准

（1）《建设项目环境影响后评价管理办法》；

（2）《中央政府投资项目后评价管理办法》；

（3）《中央企业固定资产投资项目后评价工作指南》。